소금꽃은 바다에만
　　피어나는 게 아니다

소금꽃은 바다에만 피어나는 게 아니다

서경자 시집

동행

시인의 말

흔들리는 건 나뭇가지가 아니라
이름만 불러도 눈물이 나는 내 안의 나였다
슬플 때는 슬픔이 풀릴 때까지 울어야 하리

시도 그렇다
써지지 않는다고 칠흑 같은 어둠 속으로 스스로
들어가지만 않는다면 된다

치유의 시가 쓰고 싶을 때가 있다.
광합성이 되어 나를 끌어모으는 시
내 안의 나를 위해
또 한 권의 시집을 엮는다

차례

■ 시인의 말 ······················· 5

제1부
목이 긴 사랑 ····················· 10
가을 여인 ························ 11
복수초福壽草 ····················· 12
바람 몸살 ························ 14
가을 러브레터 ···················· 16
복주머니란蘭 ····················· 17
누룩 꽃 피던 날 ·················· 18
부들이 떨 때 ····················· 20
도망간 인연 ······················ 21
사랑의 유효기간 ·················· 22
사랑이라 말하지 말아요 ············ 23
연서 ···························· 24
가얏고 ·························· 25
꽃별 ···························· 26
하늘 타고 내려온 그리움 ··········· 27
왕이 사랑한 꽃 ··················· 28
그대 그리우면 ···················· 29
요즘 날씨 ························ 30
삼각형 손잡이 ···················· 32
아카시아 꽃 ······················ 34
여우비 ·························· 35
짝사랑 ·························· 36
매미의 절정 ······················ 38
부채 ···························· 40

제2부 마늘 ······················· 42
아버지의 등 ················ 43
손 ··························· 44
애기똥풀 ····················· 46
어부바 ······················· 47
감자꽃 ······················· 48
자전거 ······················· 49
하현달 ······················· 50
소금꽃 ······················· 51
배꽃 ························· 52
사전연명의료 의향서 등록증 ·········· 54
너도 꽃 ······················ 56
망초꽃 ······················· 58
길을 나선 다보탑 ·············· 60
저당 잡힌 동백 ················ 62
폭설을 피한 동백꽃 ············· 65
국수 ························· 66
박음질 ······················· 67
성 나자로 마을의 종소리 ········· 68
닳지 않는 신발 ················ 69
삭정이 ······················· 70
빨간 약 ······················ 72
외줄 ························· 73
장수 의자 ···················· 74

차례

제3부 아이야 · 76
백일홍, 겨울 연못 위에 피다 · · · · · · · · · · · · · · 77
겨우살이 · 78
개나리 · 79
무주 반딧불이 · 80
덩이괭이밥 꽃 · 81
진천 농다리 · 82
폐가엔 대나무가 산다 · · · · · · · · · · · · · · · · · 84
쟁기 · 86
함양 지안재 · 87
항아리 · 88
소나무에 걸린 장미 · · · · · · · · · · · · · · · · · · · 90
네펜데스 · 91
살다 보니 · 92
바람 섬 · 93
모락산 · 94
비 맞은 샌들 · 96
살살이 꽃 · 98
서흥 구절초 · 100
의자 · 101
허리 굽은 소나무 · 102

■ 서평 / 피어나는 사랑, 소금꽃 - **오대혁** · · · · · 103

제1부

소슬한 바람 탓일 거예요
싱그러운 생 탓일 거예요
온 산에 스러지는 노을
그대에게 무상을 보내요

목이 긴 사랑

저문 가을
낙엽이 달려 간다

속울음
목울대를 넘기고
매몰차게 손 뿌리치고 가는
저 나뭇잎들
뒤돌아보지도 않고
우르르 달려가더니
길모퉁이 켜켜이 쌓여
설움 뭉쳐
발병이 난다

남은 것은
저린 마음
길가에 길게 누운
목이 긴 사랑
밟고 간다

가을 여인

볼수록
가질 수 없어
눈물 나는
그런 사랑을 했어요

떠나가는 뒷모습
너무 안쓰러워
잡아 보려고도 했지만
가슴에 뚫린 구멍
소리 없이 스산했어요

거리로 나선
그 여인의 옷깃에선
들락거리는
칼바람
쓸쓸함만 안고
돌아섰어요

복수초福壽草

하얀 옥양목 같은
시린 눈
이리저리 내리는
진눈깨비

흔들리는 눈보라가
몸을 흔들며
움트는 걸 막아도
무겁고 긴 겨울을
버티는
그대는 정갈한 손
그대는 복과 장수를
비는 비나리

향내 나는 하늘 향해
피워 내려 한 그대를
울창한 나무에 가리어
따스한 햇살 사랑을 포기한
설움일지도

첫 계절에 바치고 싶어

눈 뒤집어쓴 햇살이
슬며시 쳐다볼 때면
서늘한
노란색 겹꽃잎 되어
배시시 터뜨리는
첫사랑 고백

바람 몸살

뜨건 햇살에 살기 위해
내 안에
가시가 돋는다

꽃 지면
열매 맺는다는 말에
잔뜩 화가 났는지 푸른
잎들 가시가 되어
반란을 일으켰나 보다

누군가
찾아 줄 것 같아
서성거려 보지만
또 허탕

바람은 아무나 피우는 게
아니라고
가시는 더 늘었다

바람 몸살에
꼿꼿하게 허리를 편다

사막을 헤치고 나가
살길이
제 갈 길이라고

가을 러브레터

목젖까지 올려다본
청천 하늘에 반사된
오색찬란한 단풍잎들 보아요

생生은 떠날 때 더
고와야 한다고 읊조리네요

곱다 곱다
진짜 야속한 청춘같이 곱다
수선거리고 있네요

소슬한 바람 탓일 거예요
싱그러운 생生 탓일 거예요
온 산에 스러지는 노을
그대에게 무상無常을 보내요

사랑하는 이여!

복주머니란蘭

열두 폭
비단 치마 살포시 묶어
산들바람 잔뜩 붙들어 맨
분홍 주머니

바람 무거워
고개 숙이노라면
괜스레 가슴 부풀어 수줍은
어린 낭자

때 묻지 않은
마음 들킬까 저어했던지
양손 가득 꽃주머니 움켜쥐고
털어놓는 마음

무르익은 오뉴월
주먹만 한 꽃송이가 슬며시
지나가는 낭군의 소매 붙들어 잡으려
열 손가락 향기 진동하는

누룩 꽃 피던 날

배꽃은
눈 꽃송이 되어
펄펄 날리는 그리움이에요

하얀 실크블라우스 입고
입가에 미소를 띠던 그녀
시샘하는 바람에게
향기를 보내던 배꽃이었어요

고결하면 가난하고 모진가 봐요
이리저리 날리는 꽃비와 함께
그녀는 물 한 모금
삼키지 못하더니
뽀얀 쌀가루 흔적만 남긴 채
일찍 떠나더군요

속살거리던
그리움
삭고 삭여 스산하기만 하던 날
끝없이 비어져 나오던
하얀 샘물 억수로 부풀어 올라

몽글몽글 보고픔 피어오르던
이화주梨花酒 눈물
솔솔 흘리고 있네요

부들이 떨 때

어울렁더울렁
수초가 한낮의 뜨거움
반사할 때

황국은 물도랑을 향해
목을 길게 빼 들어
망초를 부르고

하얀 도라지꽃
안부 인사를 들으면
학의천엔 정 고픈 갈색
부들
부들부들

떨치고 떠날까 두려워
떨고 있는 나

도망간 인연

붙잡을 수 있는 건
누리끼리한 그리움
떠나야 할 그를 보내야 하리
시절 바람 아무리 얄미워도
그저 보내야 할
인연이라 여기고
보내야 하리

오월의 아카시아 향기처럼
그윽한 인연이었다고
말하지 못했는데
가물어버린 가슴에 내린 단비처럼
촉촉하고 촉촉했노라고
말하지도 못했는데

기다림마저 뿌리치던 길
행여 뒤돌아보아 줄까
애태우며 불러보지만
부르는 소리는
허기진 가슴에만 남고
이젠 떠나보내야 하리

사랑의 유효기간

사랑의 끝은 뾰족해
누군가를 찌른다
하트 무늬처럼

눈물 나도록 그리운 사랑도
한 아름 가득 안았던 사람도
언젠가는 문득
보이지 않던 티눈 생겨나듯
시큰둥하거나 밉상스러워지면
유효기간이
다 되어 가는 것일 게다

허물 덮어주던 마음이
사금파리가 되어
그대의 가슴을 긋는다면
사랑이 식은 게 아니라
유효기간을
넘긴 것일 게다

하트에 찔린 심장 움켜쥐고
신음하는 사랑이여

사랑이라 말하지 말아요

가슴이 물갈퀴로
일렁이지 않으면

가슴을 담금질할 때
숨비소리 내기 전
해녀가 참아내는 숨처럼
가쁜 그리움 없다면

그대여
사랑이라 말하지 말아요
사랑은 말하기 전
저절로 너울대는
물이랑이잖아요

연서

나 오늘 바람 되어서
그대의 목덜미에 아슴아슴
간절히 숨결 불어 넣고 싶어요

가을 물들어 떨어지더라도
그대의 눈빛 삼삼하니
단풍 가득한 숲으로 들어오소서

해바라기 영글어 품은
고 까만 씨앗 그대와 까먹고
시든 가을 풀 향기도 나누고 싶어요

붉은 꽈리처럼 부풀어 오른 이 마음
숨길 수 없는 이 가을
터져서 똑 죽게 생겼구먼요

가얏고

열두 줄 명주실에
손가락 마디마디
옹이가 들어앉아 있다

실핏줄 곤두서는 날
심장에
소리를 품고 태어난
오동나무

메마른 자갈밭에서
이리 흔들 저리 흔들
쌓아온
혼

가슴 휘저어 올라오는
저 깊은숨 토해내며
울리는 심금
사랑

꽃 별

징검다리 건너
꽃을 물고 올라가
애처로운 그리움 잉태한
꽃별
보라색 물감
슬쩍슬쩍 화폭에 풀어
해산하면

햇살 고운
들꽃 향기
속살거린다
사랑으로
서로
안아주라고

하늘 타고 내려온 그리움

낙엽 비 흩날리는
십일월
담장에 잎마저
부스스 떨어졌는데
빨간 장미 한 송이
피어 있다

계절의 여왕이라더니
그 너머 그리움
아직도 거기 있음을
알리려 애처로이
피어 있다

아닐지도 몰라요
외로움 너머 그대가 있어
긴 여정 떠나지 못하는 머뭇거림
지우지 못한 시가 있어
십일월 장미 한 송이로 피어난 그리움 있어
하늘에서 목울대 타고
내려온 건가요?

왕이 사랑한 꽃

복사꽃 매화꽃 도라지꽃 목단꽃
영원불멸을 염하던
시들지 않는 꽃

비단에 밀랍 입혀 꽃잎 만들고
인두질로 활기 넣어 피어난 오얏꽃
지문이 닳아 없어져야 피어나는
한 송이 꽃

이 천 다발 홍명도화에는
꿀로 빚은 곤충 열두 다발 훨훨 날아가고
비취로 만든 나비는 하늘하늘 날아올라
비단 모시 나무줄기에 내려앉고

화려하고 웅장하게 화병에 꽂히어
왕이 좋아했다는 궁중채화

시들지 않는 꽃 너머
시들어버린 내 사랑 아슴푸레 흔들린다

그대 그리우면

간이역에서
몽글몽글 뒹구는
돌멩이 하나

분명 꽃길만 있었으리오마는
질척이는 아픔도
맛보았을 테고
이제
쉽지 않은 빛 발해야 하나

그대 그리우면
황금빛 노을
껴안아야 할
시간인 게지요

요즘 날씨

아랫녘에는 홍매화가
하얀 눈을 잔뜩 이고
화려함을 자랑하고 있다는
소식이 들리는데

서울에는 찬바람이
옷깃을 여미게 하고
고개를 잔뜩 구겨 넣은
종종걸음 걷고 있다

아파트에 세워둔 하얀 차
보닛 위에는 길양이
개나리 낮잠 방해할까
살금살금 걸어 본다

춘삼월에 장독 깬다더니
세찬 바람에 화들짝 놀라고
목련꽃 봉우리 봄을 애틋하게 잉태하고
옆구리까지 다가선 봄 냄새

토라져 떠난 그 사람

마냥 다시 올 거라 믿으며
알록달록 봄꽃 기다리기에
좋은 날씨다

삼각형 손잡이

느긋한 오후
흔들리지 않는
손잡이들

출퇴근 시간
수많은 인연 붙잡았을
삼각형

어떤 이는 꽃비 소식
전하려 예쁜 손 올렸을
저 손잡이

일용할 양식
비끄러맨 삼각형
힘겹게 붙잡았을 게다

설운 사계절
설운 이별들
켜켜이 쌓인 손잡이
단단히 붙들었을 게다

그대에게 가는 날
까마득한 시간 끝내지 못한
흔들리는 손잡이
나는 흔들리고 흔들리며
그네를 타고 있다

아카시아 꽃

화려한 5월
꽃 안개 피워대던 향
주렁주렁 매달린 향기로움이
눈물이 되던 날

또다시 찾아온 하얀 인연
뻘기 꽃 새기 전 달콤함을 간직한
추억 속에 흐르는 잎새 위에 떨어지는
아카시아 꽃

붙잡지 못해 못내 서운해
달빛 위에 얹어두고 돌아선
그대의 향기

부질없던 인연을 부여잡고
하얗게 밤새우던 날도 있었기에
오늘도 마음에 꾹꾹 눌러 담아
내년엔 향기로 사로잡으리

아카시아 꽃 닮은
그대와의 하얀 인연

여우비

끝까지 가자던 그 사람
뒷모습 지워지기 전
후닥닥 쏟아진 빗방울

행여 약속까지
빗방울에 젖을까 봐
가슴 조여오는데

배시시 웃는 햇살
반짝 그리움 데려와
내 옷 부여잡는다

아무 일 없을 거라
데려왔나
해 맑은 무지개

짝사랑

베란다 박스에 심은
호박 씨앗
줄기 타고 끝없이 올라가라 줄을 세우고
끈으로 묶어 놓았다
사랑의 용기 박수를 보내고
실실 뿌려대는 환한 햇살도 초대하니
풋풋한 잎사귀에 노란 꽃
한껏 피어댔다

방충망이
벌들과의 사랑을 막았나
호박은 열리지 않았고
꽃으로만
피고
지고
다 떠나보내고
허허로이 뒤돌아보니
한껏 피어난 노란 꽃에 들떠
호박이 열리리라
꿈꾸던 때가 있었지

박스를 치우며 떠나간
내 짝사랑을 허탈하게 지웠다
그때 그 사람처럼

매미의 절정

밤에만 날개 비벼
연가를 불러 대더니
한낮에도 사랑 찾아
데시벨 높이는
노래

땅속에서 굼벵이로
칠 년을
견뎌내고
네 번이나
벗는다는
허물

뱃속에 믹서기 달고
날개 비벼
두 주를 나무에 붙어
부르는 구애의
울음

제발 절 사랑해 주세요
당신을 향해 음습한 지하에서

맹목(盲目)의 침묵 속에 살았어요
맴맴

얼마나 간절했을까
아랫도리를 열고
목구멍을 열고
교미와 울음
하모니
생애 최고의
절정을 향해

두 주의
무상한 삶
두 주 끝에
도달할
죽음을 향해

맴-맴-맴-맴-매에-엠---

부채

엉켜있는 엉겅퀴
사이사이 짙푸른 녹음
살랑살랑 일어서는 바람

너풀거리는 사랑
얽히고설킨 인연 놓아주고 싶어
매듭진 울음
하나둘 풀어 헤쳐
나풀거리는 바람에 날려 보냈나

함께한
소중한 시간에
쌓여만 온 부채
갚을 길 없어

부챗살 그리움만 부둥켜안고
그래도 질경이 인연
저 들꽃 흔드는 바람결에 얹어
떠나보내야 하리

제2부

닳아진 눈언저리에
소금꽃
유난히 피어날 때는
병원 응급실에 누웠을 때

소금꽃은 바다에만
피어나는 게 아니다

마늘

동짓달
꽁꽁 언 땅속
매운 향 지키려
겹겹이 둘러친
껍질 껍질 껍질

둥글게 몸 말아
새끼들 단속하는 어미
여섯 식구 한집에
어울려 사노라고
더 단단히 머리 맞대고

독하게 살아야 한다
지독하게 붙어 살아야 한다
쪼개져 이별할 때까진

아버지의 등

달무리 밤하늘 가득할 때
나는 여드레 밤낮 쉬지 않고
고향 찾아 날아간다는
도요새 깃털보다 가벼워진
아버지를 등에 업고
집으로 날아들었다

어릴 적 업어주시던
넓고 탄탄했던 등이
병원 침대에 누워 쭈그러졌고
옷매무새 틈바구니로
설핏 보이는 등이
몹시도 헐거워 보였다

절벽 같은 어둠 너머로
달려온 아침 햇살
젊은 날 빛나던 날갯죽지에
한가득 희망
다시금 쏟아붓고 싶었다

손

그녀는 동그란 진주조개
아리고 아픈 씨앗을 심어 놓은 상처
이렇게 세찬 비 내리면
행여 품고 있는 씨앗
덧날까 노심초사

학교가 멀어
비 쫄딱 맞고 오면
안쓰럽게 닦아주시던
투박한 손
그 손이 몹시 그리운
요즘

학의천 도랑 물소리 환해지면
청계산 계곡은 더 푸르러지는
여름밤
뒤척이는 귓가
들락거리던 물길
만조가 되기 전
진주의 먹이는 켜켜이 멈추듯
우리 오남매를 위해 자기 살

내어주시던 한
맺힌 넋두리로
다독여 주시던
엄마의
손

불러볼 수 없는 손
아슴아슴 가슴
쓸고 있다

애기똥풀

쥐엄쥐엄 곤지곤지
피어나는
까르르 꽃

녹색 등에
아침이슬 살포시 털고
샛노랗게 손 흔들며 방글거린다

엄마 사랑 가득 먹고
꽃대궁 길게 올려 노란 진액 내어주는
애기똥풀들

아픈 사연 내려놓고
마음을 비우라고
빛나는 이 꽃들

오늘따라 마음까지
치유의 눈부심을 주는
너는 이쁜 꽃

어부바

겨울이 서성인
성에 낀
징검다리

스치는 찬 바람에
손잡고 가기엔 어려운
발걸음

얼른 등을 내어주는
형아의 포근한
등

사방이 막막한 어둠
삭막함일지라도
유난히 따뜻한
우주다

감자꽃

하늘 땅
금빛 찬란한
아리랑 봄날
컴컴한 땅속에는
어미 몸이 썩어
푹푹 썩고 문드러져
올망졸망 새끼들
키워내고
어미의 푸른 멍울
힘껏 밀어내어
피워내는 꽃
연보라색 어여쁜 꽃

자전거

숨차도록 페달을 밟았다
채워지지 않는 사랑 바람처럼
넘어질 뻔한 어두운 골목도
가로등 불 켜질 생각에
올망졸망 삼 남매 앞뒤 태우고
열심히 달렸다

앞만 보고 달리다
절벽 같은 봉우리 만나
갑자기 멈춰버린
자전거
지나가던 바람 잠시 서성인다

속울음 삭혀 다시
햇살 가르며 달려보라 한다

하현달

긴 한숨으로 하늘을 본다
달이 보였다

어제오늘 다르게 버석거리는
병상의 엄마
커튼 걷어 올리며
흔들어 보지만
들장미 소녀 같던 눈
힘겹게 한쪽 눈꺼풀만 치켜올린다

흔들리는 엄마의 눈동자를 보며
시골집 삭정이 울타리 위 걸렸던
보름달 떠올려 보지만
주름진 눈가엔 눈물만
끈적끈적 맺혀
기울어져 가는
하현달이 떠올랐다

소금꽃

여기저기 무거운 짐을
지고 다녔더니
흐르는 땀 신발 위에
뚝뚝 떨어지며
햇살에 말라 피어나던
소금꽃

연신 땀을 닦아 내지만
손등에 묻어난 소금기에
그렁그렁하던 눈을
끔뻑일 뿐

닳아진 눈언저리에
소금꽃
유난히 피어날 때는
병원 응급실에
누웠을 때

소금꽃은 바다에만
피어나는 게 아니다

배 꽃

삐걱대는 마찰음
도둑처럼
여기저기 내 몸을 갉아 먹는
염증
잔뜩 구겨진 어깨에 메고
불암산 밑
요셉 수도원으로
들어섰다

쏟아지는 푸른 햇살에
아무 일 없다는 듯 하늘하늘
휘날리며
살포시 내려앉은
하얀 배꽃

꽃비 하얗게 춤추며
아프지 말라 한다
백 년을 넘게 산다는
질긴 생명력으로
의연하게 버티어 서서

첫사랑에 설레는 소녀의
눈물을 닦아 주는
순백

사전연명의료 의향서 등록증

오르락내리락
고갯길
애절하게 에둘러온 길
내려다본다

슬프고 아픈
인생길
함박웃음은 뒤로 한 채
오늘은 외로이

칠순 고개 넘고 보니
허허로움 가득하여
서두르지 않을란다

가슴 아픈 사람에게도
구부러진 골목길엔
향기로움의 추억
기다리고 있다기에 기꺼이
마음을 내어주어
손을 잡아본다

오늘 긴긴밤
삶의 부스러기들 싸놓은
보따리 정리하다 들여다본
사전 연명의료 의향서 등록증
금붙이 위에 얹어 놓으니
마실 왔다
서천 꽃밭 돌아가는 길도
외롭지 않을라나

너도 꽃

가로세로 각을 세운
시멘트 계단
틈새를 비집고
까만 씨앗 하나 숨어들어
파란 잎에 노랗게 피어난
희망 꽃
발자국 이겨내고 피어대는 꽃
어디서 물과 양분을 끌어다
저렇게 하늘하늘
봄 하늘 수놓았을까

삭막한 거리
외톨이로 웅크린
어깨에게 말하네요
활짝 펴봐요
맑은 하늘이 보이잖아요
바람결에 몸을 맡겨요

시린 생명
소중히 다루라고
사랑하는 이 있다고

길가에 피어난
나는 꽃
너도 꽃
소곤거려요

망초꽃

어지러이 소금꽃 잔치
자잘한 나팔 달고서
사람들 발자국 피하려
밤새
들녘 불 밝혔지만

이건 망초(亡草)
망할 놈의 풀

을사늑약 무렵
미국산 철도 침목에 붙어 들어와
한반도를 휘저어대며
논두렁 밭두렁
아니 피어난 곳 없어
농사 망치고 먹을 것 없어
나라마저 망하게 했으니
네가 망국초(亡國草)
망초(亡草) 아니더냐

오늘도
아침나절 경운기 지나간

자국마다 자지러지게 피었구나
씨앗에 날개 달고
한반도에 백 년 넘게
나보다 오래 살았으니
이제 제이의 고향이더냐

햇살에 부서지는
처절한 눈시울
서러운 이름 가졌어도
너도 꽃이라
찾아드는 별들
창문 두드리고 있네
세월 하 수상해도
봄인갑다

길을 나선 다보탑

이슬 비켜 가고
불빛도 멀리서만 서성이던
새벽
일찍 하루를 열려
길을 나선다
숨이 가빠질 즈음
흙더미 속에서 번쩍
나를 붙잡는다
내 손은 벌써
천년 고찰을 더듬듯
먼지를 털고 문지르니
다보탑

저 멀리
산사의 종소리 우리며
까맣게 타들어 가던 근심
화-안해진다

내 삶인 듯
돈인 건 분명한데
대접받지 못하는

십 원짜리 동전 같은
세상 밖으로 고개 내민
다보탑

세상을 향해
뚜벅뚜벅 걸어야 하는 이유
화-안해진다

저당 잡힌 동백

안 사고 못 사면
백악기 공룡시대로 뒤처진다더라
하우스 푸어
끈적한 고뇌 묻어나는 날
삼십 프로 대출이자로
전세 끼고 덜컥 집을 샀으니

졸지에 달콤하고
쌉싸름한 주님
건물주님으로
등천하여
던져진 설렘의 주사위

어림 반 푼어치도 없는
월급 숫자놀음으로 놀아보지만
살을 에는 높바람
숨통을 조여오는
역전세의 곤두박질
마지막 이파리마저
눈발에 울어댔다

시간은 푸르기만 한데
저당 잡힌 동백
스물다섯 평 동백
심장 두근댔다
잠들지 못하는 나무들도
웅웅거렸다

쇄빙선처럼 무거운 발걸음
터벅터벅 내려가다 만난 동백꽃
눈에 파묻힌 선혈의 동백
툭툭 모가지를 떨구며
말을 했다

시간을 끌어안아 보세요
따뜻해질 거예요

그 말을 들은
투명한 공기들이
동백아파트 휘돌며
꽃불 밝히고 부르는

봄노래가 들렸다

저당 잡힌 동백을 끌어안고
들릴 리 없는 봄노래
손에 걸렸다

폭설을 피한 동백꽃

길거리 텅 빈 불 꺼진 상가
임대 문의 즐비한 경제 한파

누가 부동산으로 얼마 벌었다는 뉴스
쪽방엔 연탄 몇 장의 목숨

동백은 눈을 뒤집어쓰고도
피어난다는 어설픈 생각 미치는데

창문 밖에는 폭설에 가로수 휘어졌는데
아파트 실내 정원에는 활짝 피어난 동백꽃

꽃도 피어나는 장소 따라
금수저 흙수저가 있나 보다

국수

멸치 떼들
헤엄치다 만난 까만 다시마
순이 시집가서
당숙모 손길이 바쁘단다
온 동네 흥 올라
들락날락 기다리는
기다란 줄

차일 속은 발자국으로 뭉개져도
뿌옇게 김 오르는 양은솥단지
삶아지는 국수는 말랑거린다
술술 넘어가는 탁배기
장단 맞추는 국수 가락
긴 인연 기원하는 일가붙이들

국숫집 문 닫으면
허기진 배 달래줄 흥 없는
세상

박음질

돌돌돌
성 나자로마을 치유의 숲에는
돌 틈으로 흐른다
삶과 삶이 엮여 돌아간다

외부인과 전혀 섞이지 못한
한 많은 세월에 문드러진
손발과 눈코
직진도 없었고
돌아서 돌아서 꿰매고 엮여
살아온
한센인 마을

자꾸만 빠져나가는 한숨에
살도 빠져나갔나 보다
맞지 않는 옷을 재봉틀에 구겨 넣고
새로 짜진 세월이나마
반듯하게 귀퉁이 잡고
직진으로 돌려보는
재봉틀 돌림바퀴

멈출 길 없는 강물 따라
조약돌 부딪는 소리

성 나자로 마을의 종소리

기도의 시간
성 나자로 마을에 종이 운다

이웃에게 살 한 점 나누지 못한 자
몸에 상흔이 없다고 깨끗한가
고름과 진물을 닦아줄 용기도 없으면서
기도에는 사랑을 담는다
교만은 세상의 뿌리를 흔들고
위선은 죄를 먹고 연명한다
작은 울림이 큰 웅덩이 되기를

종의 줄을 힘껏 당기는 하얀 장갑 속
뭉개지고 일그러진 손
나사렛 예수님의 못 자국

닳지 않는 신발

어설픈 바퀴 돌리기에 두 손은 바쁘다
점퍼 속 오소소 끼어든 매서운 추위
멀고 먼 길 숨이 턱에 찬다

열정을 절망으로 내리친 눈보라
무너질 것 같은 눈물은 얼굴에 튼살로
집으로 가는 길은
모질게도 각진 모서리에 찔리기만 한다

싸거나 비싸거나 닳아지지 않는 신발
설움으로 옥죄며 비틀어진 발가락과 함께
오늘도 슬픔을 마시며
휠체어 위에 서럽게 덩그러니
시리게 얹혀 있다

삭정이

두툼한 패딩 속으로
목을 움츠렸지만
바람은 날 선 칼날로
얼굴을 훑는다

어슴푸레한 밤
길목에는 삭히지 못해
걸걸거리는 가래
숨구멍을 넘기지 못한다

콧줄에 밀어 넣은 분말약은
가래도 삭이지 못하고
목젖에 달라붙어
숨구멍을 막다가
간신히 이승 열차로 환승한다

감염기 내과 복도에는
마스크를 쓰고 변장하세요
손 소독으로 연명하세요
큼지막한 경고성 글귀에
이승 저승 오가는 들숨 날숨이

목에 걸려 가당찮게 파닥거린다

휠체어 바퀴는 튼튼하고
최첨단 병원 문을 밀어제치니
눈물인지 우박인지
우두둑 내리치고
툭 하고 삭정이
발밑으로 떨어진다

빨간 약

추위가 목을 감싸고
손가락 마디마디 시린
아우성

살얼음 가슴속까지
파고를 높인다
마지막 한 잎 살랑
내리꽂힌 심장
죽 그어 놓은 외로움
삐죽이 내민
갈퀴 맨살

빨간약
쓱 문질러
아픔을 숙이고 나면
가슴 가득 고통을 이겨낸
설렘 가득한
치료 시
맑은 햇살 받으며
빨간 시로
피어난다

외줄

마음 근육에도
깁스가 필요하다

주위 바람 따라
흔들바람 불면 버티려 했을
외로운 시간

좋은 사람이어야 한다
그래야 한다
억척스러운 삶이
내 안의 나를
흔들었을 게다

이젠 외줄타기하는 내가
나를 믿고 살아야 한다
깁스해 보지만

장수 의자

어이 택시 택시
애타게 부르는 노인네
진눈깨비 흩날리는 푸른 정형외과 앞
구부정한 등을 지팡이에 간신히 의지한 할아버지
달려오는 카카오 택시를 향해 외친다

시퍼런 청춘이 먼저 타고 떠나자
치밀어 오르는 분노 붉으락푸르락
택시의 뒷모습 노려본다

빌어먹을 놈들
칼바람 할퀴고 지나간 거리도
할아버지의 마음도 무겁게 내려앉는다

쉴 곳 없는 사거리 두리번두리번
페인트 벗겨진 노란 장수의자 위
낙엽을 밀치고 허름한 육신을 내려놓는다

제3부

살다 보니
그리움도 사랑도 원망도 분노도
뜨락에 꽃불 밝히더라

아이야

새봄이로다 새봄
어여 갯가로 나가보자
버들강아지 나풀거리는 치마 사이로
청둥오리 가족 물살 가르며
너그러운 봄 햇살 모으니
어여어여 나가보자꾸나
늘 첫봄 아니더냐
아이야

백일홍, 겨울 연못 위에 피다

도토리 한 알
참나무 숲 자궁이었다고
나무들 수런거린다

숲에서 내려온
백일홍
바람 불어와 떨켜처럼
손부여 잡고 떨어져
물 위에 다시 피어나는
꽃분홍

화르르 물의 문 열고
바람의 말대로
이리저리 몰려서서
향기로
그 사람을 기다린다

그대로 지기에 서러워도
떠나는 것도
떨치는 것도
그다지 서글픈 게 아닐지라도
그 사람의 여운은 남아

겨우살이

시린 하늘이
내려준 선물
접착제 되어
한 줌 사랑
부여잡는 기생뿌리
내 안의 빈자리 있으니
그리움의 덧문 내리고
미루나무 꼭대기에
뿌리 내리는
안쓰러운
혼자 한 사랑
세상 잊으려
허허로이
서 있다

개나리

슬픈 더듬이
마음을 졸여
언덕 내려오면

온종일
어지러움으로
허우적거린다

사랑할 날이
얼마 남지 않아서

사방 가득
햇살 가두고

황금 새장 되어
갈 길도 돌아설 길도 없이
나를 가두는
꽃 멀미

무주 반딧불이

땡볕 퍼지는
칠월

그리움 젖는 안개는
무주 구천동에 내려앉는다

흐르는 맑은 물에
발 휘저으며
간지럼에 자지러지는
수초

햇살이 건너뛰고
저녁이 에워싸는 밤이면
가슴을 훔치는
반딧불이는
더 간절히 빛난다

덩이괭이밥 꽃

삶이
뼈다귀로 앙상한 날
풋사과 향기 한 줌
들이마실 수 없는 시간

허락받지 않은
바람에 몸을 실어
엉거주춤 뿌리 내린
더부살이 꽃

움푹 팬 고목에
꽃 피어 향기 내뿜는
시간 무심히
상큼함 피워내는 꽃

삶이 죽음과 함께하는 법을 모르는
우리 인간들과 달라서
소름 끼치는 애교 없이도
고목과 더불어 사는 법을 아는
덩이괭이밥 꽃

진천 농다리

바람 불어 햇살 좋으니
한세월 살아오면서
햇볕에 그을린 두 손
빌고 빌 소원 남아 농다리
찾아 든다

붉은 돌 단단히 고여 만든
옛날 그 옛날 고려 적 생겨나
오랜 세월 속 뚜벅뚜벅 걸어온
소원 다리
물살을 거슬러 올라가는
지네 다리
스물여덟 별자리보다
더 많은 소원을 빌었다

천년의 소원이
하늘에서 내려와
명당혈에 돌다리 놓았듯
자식들 무사 안위 빌었다

이만큼 산 것도

모두 저 영험한
농다리 건너며 빌었던
기도 탓일 거야

폐가엔 대나무가 산다

어슴푸레한 이른 아침
질퍽한 마당에는 포클레인
둔탁한 소리

지난여름 장마로
무너져 버린 전주 이씨 돌담집은
왁자지껄하던 사람 소리 끊긴 지 오래

아래채 곳간은 쥐들의 은신처
외양간 여물통엔 썩은 낙엽들
똥숫간은 켜켜이 굳은 똥 화석

온기 가득했던 안채엔
빛바랜 장독대 무너져 내리고
대나무 뒤엉킨 마당을 가로질러
세계지도를 그리는 대나무

콕콕 찍어대는 포클레인 손 갈퀴에
우지끈 뿌리들이 뽑혀 나뒹군다
폐가는 낯선 바람의 공간이 되어

서러움만 삼키고 있다

늙고 시들고 바래진 가운데
시퍼런 대나무가 살아 있었다

쟁기

새벽이면 어김없이 찾아온다
땅이 잠들지 못해
밤새 뒤척이다 겨우 잠들만하면

포근히 얼굴 끌어안고
온기라도 나누고 싶으나
코끝이 날카로워
나만 외로워진다

시원한 입맞춤 한번 못한 채
모퉁이 한구석에 걸려
흙물이 뚝뚝
아픔만 내뱉는다

그래도
풀 향기 맡으며
나를 힘껏 안아
눕힐 때를 기다리며
햇살을 모은다

함양 지안재

꼬부랑꼬부랑 애절하게 오르는
지리산 가는 길
슬프고 아픈 길이었지만
오늘은 즐거움 짊어지고 오른다

가슴 아픈 사람도
구부러진 골목길엔
새파란 추억 기다리고 있다기에
기꺼이 마음 내어주고

삶이 따뜻하고 아름답다고
악수를 한다
푸르른 함양 지안재
고갯길에서

항아리

마음 비운
모든 이에게
무한히 쏟아져 담아낼
사랑 항아리 되고파
숨죽인다

싸늘히 식어
땡땡 소리만 날지라도
먼 옛날 뜨겁던 가마 속
뒤집어쓰고 앉았던 열정
이제 텅 비어
허허로이 고통만 삼키고 있다

옹이 박힌 손 내 작은 손
부여잡아 두고 싶어
두 눈 꼬옥 감고 기도해 본다

등나무 소슬바람에 시달리며
잎사귀 떨구는 가을이 왔기에
더욱 등이 시린지도 모르리라

깊디깊은 사랑 숨어 있어
화려한 날갯짓이 아닐지라도
빈 항아리
좁은 내 속 비워
사랑 가득 담은 항아리 마냥
남은 생 꾹꾹 눌러 담고 싶다

소나무에 걸린 장미

고통에서 벗어나라
하나둘 연등 밝히는
사월 초파일
몇십 년 사는 고통도
몇 년을 버틴 일상도
눈물 나도록 사는 공덕을 위해
타오르는 불빛

가난한 난타라는 여인
정성으로 밝힌 등불마냥
끝까지 피어오르려
매달려 올라간
줄기 장미
눈에 보이지 않는
시퍼런 상처를 얹어
푸른 소나무에 매달린
줄기 장미

몸과 마음의 연등 되어
환한 희망 밝힌
등불 장미

네펜데스

절망하는
먼먼 부나비들 울음소리
지폐 몇 장에 부황 난
꽃띠들은 도리도리 네온에 몸을 풀고
빨간 티 한 장에
달콤한 꿀을 분비하여 유인하는
철모르는 그들이
내벽에 기어오르려 하면 할수록
자루 안으로 떠밀려 가는
밀랍형 자루

송송 뚫어진 청바지는
표면 골성재 소화액에 익사하는 줄도 모르고
핸드폰에 기댄다
안개 구릉 지역을 지나갔으니
솔잎 헹구어 낸 햇살
그들도
아린 세월 털어 버리고
수줍어 돌아서는 눈매 고운
성숙한 여인으로 돌아왔으면

살다 보니

삶이 뜨거운 불이라면
운명도 분노도
녹아 없어지리라

삶이 차가움만 가득했다면
그리움도 사랑도
얼어버렸으리라

올겨울 한풍과 눈보라도
막지 못하는 건
개나리 앞세워 살포시
봄 아지랑이
여름 땡볕 시달리다
탱글탱글 대추
여무는 가을 오듯이

살다 보니
그리움도 사랑도 원망도 분노도
뜨락에 꽃불 밝히더라

바람 섬

휘이 휘이 억새꽃 물결
산굼부리 오름에는
회색 바람이 질주한다

하얀 솜털 바람
붓 길은 청잣빛 팔레트
눈 시린 가을 햇살 꾹꾹 짜내어
황금빛 해돋이는
열광의 손놀림 되어
확확 펼쳐 대고
살랑살랑 태양 빛은
바람 섬을 금가루로 색칠하네
억새꽃 바다에 풍덩 자맥질하네

산담 두른 무덤가에
흐드러진 억새
하얀 손을 흔들어
떠나는 이들에게 바람을 흘리고
송악산 두른 바다 곁으로
노을은 누우며 침묵으로 말하네
살다가 사라질 무렵도
아름다워야 하는 법이라고

모락산

산골짝 계곡마다
푸른 빗장 풀어
아카시아 꽃보라 날리며
시작된 연초록 잔치

새털구름은
깃발로 나부끼고
빛 고운 산 벚꽃
온몸 흔들며
꽃 무리로 피어나고

사그락사그락
초록 이끼 물소리
흘러내리면 저 아래
보리밥 마을에는
걸쭉한 된장찌개 냄새 사이로
모락모락 피어오르는
살가운 정

눈 시리게
아름다운 산골 물

위에 비친
산그림자

그리고
잰걸음 걷는 그대
등 뒤에는 까마득히 깊은
하늘

비 맞은 샌들

여름 내내 끌고 다니다 벗어 놓은
끈 떨어진 샌들 한 켤레
생기발랄한 딸의 하이힐 틈새에서
현관 한쪽에 구겨져 있다

구석에 쪼그리고 앉아 졸고 있는 노파처럼
먼지 뒤집어쓴 채 주눅 든 표정이
눈길 한번 받지 못하고 부둣가 한쪽에
정박해 있는 폐선이다

한때 기도 안 차게 거들먹거리던
자신만만한 걸음걸이였건만
이제는 풋풋한 젊은 날로 되돌리지 못하고
어디라도 나설라치면
설레발치다 접질리는 마음

툭툭 길바닥을 차거나 끈에 의지한 채
가랑가랑 가을비에 미끄러져
그만 툭하고 끈 떨어진 신발
영락없이 여기저기 고장난 채

오기 하나로 버티고 선 몸뚱어리

버리려니 아깝고
그냥 신으려니 보잘것없는
내 삶, 고쳐 살 수 있다면

살살이 꽃

바람이 구분 능선을 넘었다
비바람에도 꺾이지 않는 재주로
불볕 계절 버티더니
흔들리는 건 꽃일 따름
뿌리 뽑히지 않은 덕에
마냥 손 흔들며
마른 꽃 될 무렵까지
가느다란 목으로 무리 지어
서로를 비벼대기만 한다

속절없이 내리는 서리
한 결을 내주는 어미마냥
까만 씨앗들을 품는다

보는 이 없다 불평 한마디 않고
지지 않는 것 없는 날을 골라
꽃 진 자리
씨앗 떨구어
오는 해를 위하여 허위허위
내려놓은 저 코스모스

갈바람에 골수까지 내어주고
살랑이는 저 꽃 무더기
살살이꽃

서홍 구절초

무서리 내린
참나무 숲
진한 향기가
그렁그렁 그리움 달고
발목을 잡는다

넓은 치마폭을 펼쳐
붉은 울음을 토해낸다

서러운 이별이 두려워
길게 내린 햇살은
갈밭 그리움을
지천으로 감싸며
언덕 높은 서홍에
굽이굽이 피워내는
꽃내음

의자

비 온다 뛰지 말고
가을이라 슬퍼하지 말자

비 오면 강물이 많아져 좋고
가을 오면 붉은색 물들어 좋을 것이다

열심히 달려가는 세월 탓하지 말자
누군가
비워 놓은 의자에 편히 앉아
쉬는 그런 날도 있을지니

나 떠나면 또 누군가
편히 쉴 것이기에
그것 또한 즐겁지 아니 한가

허리 굽은 소나무

자연에 걸린 시 하나
건져보려 숲속으로 들어간다
순수함으로 빛나는
긍정 감사 그리고 행복이
스미어 온다

코끝에 걸려있는 상큼함은
찌들어버린 나를 발견하고
위로와 감사
올곧이 내가 발명되고 있었다

맑아지는 눈빛으로
자연의 시
한 조각 한 조각 엮을 때
허리 굽은 소나무를
발견한다
얼마나 눈비 바람에 순응했길래
저다지 의젓할까

시 한 편 건져서 어깨
짊어지고 내려오는
허리 굽은 나를
발명했다

■ 작품해설 ■

피어나는 사랑, 소금꽃

오 대 혁 (시인, 문화비평가)

1. 머리말

　사랑이 처음 다가섰을 때 우리는 설레기도 하지만 몹시 당황스럽기도 하다. 처음으로 느끼는 사랑의 기쁨과 슬픔은 사람을 낯설고 몽롱하게 만들기 때문이다. 풀잎에 맺힌 이슬의 영롱함이 보이고, 하늘을 지나는 바람의 향기를 느끼며, 미소 속에 담긴 풋풋한 아름다움과 서글픔도 고스란히 느낄 수 있게 된다. 우주 속에 덩그러니 방치되어 있던, 굳어 있던 오감이 살아나고 가난했던 영혼에 피를 돌게 만든다. 한편, 사랑은 최초의 고독, 최초의 진지한 행위를 만들어내면서 철학자, 시인을 만들어낸다. 그러고 보면 사랑을 경험했던 우리는 본래 철학자요 시인이었던 것이다.
　서경자 시인의 시집 『소금꽃은 바다에만 피는 게 아니다』는 그런 사랑을 노래하고 있다. 그 사랑은 젊은 날 아련한 추억 속 기억을 헤집는 모습을 보이기도 하고, 그것의 확대를 통해 가족에 대한 사랑, 삶과 죽음의 의미, 생로병사의 의미 등으로까지 확대되는 여정을 보여준다. 시인이 펼쳐 보이는 사랑과 생에 대한 지극한 긍정은 너무나 슬프고 아름답다. 생의 사랑과 고통을 진지하게 통찰하고 있는 이 시집은 많은 여운을 남긴다.

2. 아슴푸레한 사랑의 기억

서경자 시인은 첫사랑의 모습을 한겨울에 피어나는 '복수초(福壽草)'를 통해 "첫 계절에 바치고 싶어 / 눈 뒤집어쓴 햇살이 / 슬며시 쳐다볼 때면 / 서늘한 / 노란색 겹꽃잎 되어 / 배시시 터뜨리는 / 첫사랑 고백"(「복수초」)이라 그려내기도 하고, '배꽃'을 통해 "첫사랑에 설레는 소녀의 / 눈물을 닦아 주는 / 순백"이라 표현하기도 한다.

> 나 오늘 바람 되어서 / 그대의 목덜미에 아슴아슴
> 간절히 숨결 불어 넣고 싶어요 //
> 가을 물들어 떨어지더라도
> 그대의 눈빛 삼삼하니
> 단풍 가득한 숲으로 들어오소서 //
> 해바라기 영글어 품은
> 고 까만 씨앗 그대와 까먹고
> 시든 가을 풀 향기도 나누고 싶어요 //
> 붉은 꽈리처럼 부풀어 오른 이 마음
> 숨길 수 없는 이 가을

터져서 똑 죽게 생겼구먼요

─「연서」

사랑하는 이에게 편지를 보낸다. "그대의 목덜미에 아슴아슴 / 간절히 숨결 불어 넣고 싶어요"라고도 하고, 해바라기 까만 씨앗을 그대와 까먹고, "붉은 꽈리처럼 부풀어 오른 이 마음"이 터질 것만 같아 죽겠다고도 한다. 「사랑이라 말하지 말아요」에서는 "가슴이 물갈퀴로 / 일렁이지 않으면" "가쁜 그리움 없다면" 사랑이라 말하지 말라고 하면서, "사랑은 말하기 전 / 저절로 너울대는 / 물이랑"이라 말하기도 한다. 이제 사물은 직접적인 현존 자체가 아니라 사물들의 표상과의 '비밀스러운 통신'이 벌어지면서 미적 대상으로 자리 잡는다.[1]

서경자 시인이 표현하는 사랑은 일차적으로 자기 보존 본능과 성적 본능을 결합한 에로스(Eros)적인 것으로 나타난다. 에로스적 사랑은 삶의 에너지를 충만케 하므로 철학자나 시인, 정치가 등 모든 이들이 에로틱한 것을 추구한다. "에로스가 없으면 사유는 '단순한 노동'으로 전락한다."[2] 사물에 숨겨진 의미를 읽어내는 데 에로스적 사랑이 작용하는 것이다. 그런데 그런 에로스적 사랑은 시인에게 오래 지속되지 않으며, 사랑은 과거형을 띠는 경우가 대부분이다.

볼수록 / 가질 수 없어 / 눈물 나는

---

1) 한병철, 『아름다움의 구원』, 문학과지성사, 2016, 108쪽.
2) 한병철, 위의 책, 112쪽.

> 그런 사랑을 했어요 //
> 떠나가는 뒷모습 / 너무 안쓰러워
> 잡아 보려고도 했지만
> 가슴에 뚫린 구멍 / 소리 없이 스산했어요 //
> 거리로 나선 / 그 여인의 옷깃에선 / 들락거리는
> 칼바람 / 쓸쓸함만 안고 / 돌아섰어요
> ―「가을 여인」

소유하고 싶던 사랑이 떠나갔다. 가슴에 구멍이 뚫리고 그 구멍은 스산하고, 옷깃에서는 칼바람이 불며 쓸쓸함만 남았다. 그렇지만 쓸쓸한 이별은 프로이트가 말하는 죽음의 본능, 파괴의 본능이라 할 타나토스(Thanatos)를 향해 달려가지는 않는다.[3] 에로스적 사랑이 끝났을 때 시인은 매미의 삶을 생각하며 "얼마나 간절했을까 / 아랫도리를 열고 / 목구멍을 열고 / 교미와 울음 / 하모니 / 생애 최고의 / 절정을 향해 / 두 주의 / 무상한 삶 / 두 주 끝에 / 도달할 / 죽음을 향해"(「매미」)라고 타나토스의 은유를 노래할 뿐 '지옥' 같은 고통의 시간을 보여주지는 않는다. 「매미」에서 보여주듯 오히려 삶의 무상(無常)함 따위의 초월적 태도를 드러낸다.

왜 이런 시적 태도를 보여주고 있는 것일까? 그것은 시인이 그려내는 사랑이 젊은 날의 것이 아니라 온갖 풍파를 겪은 후, 시간적 간격을 두고 가슴 속에 트라우마처럼 남겨진 기억을 헤집어내는 가운데 형성된 것이기 때문이다. 그것은 구체성(concreteness)과 서사성(narrative)의 결여가 뒷받침해 주고 있다. 시적 표현 자

---

3) 조용훈, 『에로스와 타나토스』, 살림, 2005.

체가 전반적으로 시공간적 구체성을 소거한 보통명사로 채워지고 있음을 통해서도 확인되는 듯하다. 후반부에 보여주는 '성 나자로마을'이나 '무주', '진천'과 같은 곳에서 느끼는 구체적 감회나 '끈 떨어진 샌들 한 켤레'를 통해 보여주는 일상의 깨달음과 같은 구체성이 사랑의 시편에는 결여되어 있다. 시인이 보여주는 사랑은 오랜 시간이 흐른 후에 발견되었거나 발명된 것임을 짐작게 한다.

"어린 시절에 당신에게 있었던 그런 크나큰 사랑을 잃어버렸다고는 생각하지 마십시오. …(중략)… 그 사랑은 아직도 당신의 추억 속에 강하고 힘차게 머물러 있습니다. 그것이야말로 당신의 최초의 고독이었으며, 당신의 삶에 대해 당신이 행했던 최초의 진지한 작업이었기 때문입니다."(「고독과 사랑에 대하여」)[4]

18살 연상의 루 안드레아스 살로메를 만난 후 수많은 사랑의 시편을 남길 수 있었던 라이너 마리아 릴케가 프란츠 크사버 카프스에게 보낸 '젊은 시인에게 보내는 편지' 속의 한 대목이다. 사랑을 잃어버렸다고 생각하지 말고, 그 사랑이 추억 속에 강하게 머물러 있음을 상기하라는 것이다.

서경자 시인의 작품 속 사랑도 잃어버린 듯 보이던 것, 곧 "시들지 않는 꽃 너머 / 시들어버린 내 사랑 아슴푸레 흔들린다"(「왕이 사랑한 꽃」)의 '아슴푸레/어슴푸레'의 형태로 현실 속 자연이나 사

---

[4] R.릴케, 김원세 역, 『장미 숲에 잠들지 않는 나비』, 융성출판, 1989, 111쪽.

물과 접속하며 돌출되어 나타난다.

> 낙엽 비 흩날리는 / 십일월
> 담장에 잎마저 / 부스스 떨어졌는데
> 빨간 장미 한 송이 / 피어 있다 //
> 계절의 여왕이라더니 / 그 너머 그리움
> 아직도 거기 있음을 / 알리려 애처로이
> 피어 있다 //
> 아닐지도 몰라요 / 외로움 너머 그대가 있어
> 긴 여정 떠나지 못하는 머뭇거림 / 지우지 못한 시가 있어
> 십일월 장미 한 송이로 피어난 그리움 있어
> 하늘에서 목울대 타고
> ―「하늘 타고 내려온 그리움」

화자는 십일월 이파리가 부스스 떨어진 담장에 빨간 장미 한 송이가 피어 있는 걸 발견한다. 화려하게 피어나는 오월의 장미가 아닌 십일월의 장미는 그대를 향한 화자의 그리움을 연상케 하면서, 목울대까지 북받쳐 오르는 울먹임을 낳고 있다.

그러고 보면 시인이 보여주는 추억은 마르셀 프르스트가 『잃어버린 시간을 찾아서』에서 "우리 과거의 아주 사소한 지점과 모든 다른 지점들 사이에 기억의 풍성한 망(網)을 형성함으로써 우리로 하여금 연결의 길을 선택할 수 있게 해준다."[5]라고 한 진술과 맞닿아 있다. 현재의 사물 하나하나가 '아슴푸레' 남은 사랑의 추억을 소환하는 것이다. 그러면서 시간적 거리를 둔 사랑의 추억은 아름

---

5) 한병훈, 위의 책, 108쪽 재인용.

답고, 인생의 의미를 반추하는 가운데 어떤 깨달음으로 향해 가고 있다.

> 목젖까지 올려다본 / 청천 하늘에 반사된
> 오색찬란한 단풍잎들 보아요 //
> 생生은 떠날 때 더
> 고와야 한다고 읊조리네요 //
> 곱다 곱다 / 진짜 야속한 청춘같이 곱다
> 수선거리고 있네요 //
> 소슬한 바람 탓일 거예요
> 싱그러운 생生 탓일 거예요
> 온 산에 스러지는 노을
> 그대에게 무상無常을 보내요 //
> 사랑하는 이여!
>
> ―「가을 러브레터」

 단풍의 아름다움은 떠날 때의 생(生)이 고와야 한다는 걸 읊조리고 있다고 노래하고, "온 산에 스러지는 노을"을 보며 "그대에게 무상(無常)"을 보낸다고 한다. 무상(無常)은 덧없음이라 번역되곤 하지만, 그것은 늘 그대로인 것은 없음, 곧 변화성을 말하는 것이다. 단풍과 노을은 시들고 스러지는 것이면서 변화성을 드러낸다. 그리고 그런 무상성을 벗어날 길 없는 현실 앞에서 마지막까지 아름다운 생을 살아야 함을 노래하고 있는 것이다. 이는 시인이 사랑을 추억하고, 그리워하며 마침내 찾아낸 깨달음 같은 것이라 하겠다.

3. 소금꽃 피워올리는 삶

시집의 1부가 연가풍의 시로 과거 지향적이라면, 2부는 현실적 삶의 고통, 3부는 일상(日常)과 자연에 깃든 순리적(順理的) 삶의 아름다움을 보여주고 있다. 과거가 그 당시 고통스러웠을지라도 어렴풋한 기억 속에서 아름다움의 서사가 된다면, 시인에게 눈앞에 펼쳐진 삶은 고통과 극복의 서사가 된다. 과거의 고통이 아픔이면서도 쾌락이라면 현실의 고통은 시인에게 물리적이면서도 현상학적 인식 대상이자 극복의 대상이다. 서경자 시인은 그런 고통을 어떤 시적 형상화를 통해 보여주고 있을까?

> 달무리 밤하늘 가득할 때
> 나는 여드레 밤낮 쉬지 않고
> 고향 찾아 날아간다는
> 도요새 깃털보다 가벼워진
> 아버지를 등에 업고 / 집으로 날아들었다 //
> 어릴 적 업어주시던 / 넓고 탄탄했던 등이
> 병원 침대에 누워 쭈그러졌고
> 옷매무새 틈바구니로 / 설핏 보이는 등이
> 몹시도 헐거워 보였다 //
> 절벽 같은 어둠 너머로 / 달려온 아침 햇살
> 젊은 날 빛나던 날갯죽지에 / 한가득 희망
> 다시금 쏟아붓고 싶었다
>
> —「아버지의 등」

화자는 병원 침대에 누워 있는 아버지의 등을 설핏 보고는 "몹시도 헐거워 보였다"라고 한다. 그것은 "절벽 같은 어둠"처럼 인식되고, "여드레 밤낮 쉬지 않고 / 고향 찾아 날가간다는" 도요새와 연결되어 "젊은 날 빛나던 날갯죽지에 / 한가득 희망 / 다시금 쏟아붓고 싶었다"는 화자의 심리를 드러내는 것으로 마무리된다.

「하현달」에서도 "어제오늘 다르게 버석거리는 / 병상의 엄마 / 커튼 걷어 올리며 / 흔들어 보지만 / 들장미 소녀 같던 눈 / 힘겹게 한쪽 눈꺼풀만 치켜올린다"라고 하여 어머니의 삶이 죽음을 향해 가고 있는 상황을 보여준다. 그리고 그런 변화는 "기울어져 가는 / 하현달"의 은유로 표현된다. 그리고 「손」에서는 화자가 세찬 비가 내릴 때 "학교가 멀어 / 비 쫄딱 맞고 오면 / 안쓰럽게 닦아주시던 / 투박한 손", 어머니를 그리워하며 "아리고 아픈 씨앗을 심어놓은 상처"와 같은 "동그란 진주조개"를 떠올린다.

모든 생은 죽음에 이르는 병을 앓는다. 사는 것은 죽음에 닿아가는 여정이다. 서 시인은 부모의 병환과 죽음이라는 고통의 현실을 목도하면서 시적 은유로 그 의미를 읽어내고, 애도(哀悼)하고 있다. 기억을 더듬어 자신을 낳고 기른 부모와의 인연, 다양한 에피소드들을 끄집어내며 죽음이라는 고통을 시적으로 극복하고 있는 것이라 볼 수 있다. 그것은 죽음 자체를 애도한다기보다 죽음 속에 가려져 있었던 삶을 애써 찾는 행위, 곧 시 창작을 통해 나타났다고 볼 수 있다.

   하늘 땅 / 금빛 찬란한
   아리랑 봄날 / 컴컴한 땅속에는
   어미 몸이 썩어 / 푹푹 썩고 문드러져
   올망졸망 새끼들 / 키워내고

> 어미의 푸른 멍울 / 힘껏 밀어내어
> 피워내는 꽃 / 연보라색 어여쁜 꽃
>
> ―「감자꽃」

 부모님의 병환과 죽음에 대한 고통과 생사에서의 의미 찾기는 사물들의 비의(秘義)를 발견해 내는 영역으로까지 확대되어 나타난다. 「감자꽃」에서 시인은 "어미 몸이 썩어 / 푹푹 썩고 문드러져 / 올망졸망 새끼들 / 키워내고" 연보라색 감자꽃을 피워낸다고 노래한다. 죽음은 끝이 아니라 또 다른 삶을 잉태하는 자양분이 된다는 순환론적 세계 인식을 보여주는 데까지 도달한다. 「마늘」과 같은 작품에서는 "독하게 살아야 한다 / 지독하게 붙어 살아야 한다 / 쪼개져 이별할 때까진"이라는 삶을 살아내는 깨달음까지 닿아 있다.

 이러한 시인의 태도는 자신의 병과 만났을 때에도 유지된다. "여기저기 내 몸을 갉아 먹는 / 염증" 때문에 "불암산 밑 / 요셉 수도원으로 / 들어"선 시인은 살포시 내려앉은 배꽃을 보며 "아프지 말라 한다 / 백 년을 넘게 산다는 / 질긴 생명력으로 / 의연하게 버티어 서서"(「배꽃」) 살라는 비밀스러운 소리를 듣는다. 늙고 병들어 죽어가는 삶은 그 누구도 거부할 수 없는 현실이다. 그런 현실에 괴로워하며 돌봄의 대상이 되고, 박제처럼 껍데기만 유지한 채 죽음만을 기다리는 것은 살았어도 죽은 것이다. 시인은 병과 접하며 그것에 체념하지 않는다. 하얀 배꽃이 꽃비 되어 흩날리는 모습을 바라보며 질긴 생명력으로 의연하게 버티어 서야 한다고 다짐한다.

'지독하게', '의연하게'라는 시어는 비극적 현실을 대하는 시인의 삶의 태도를 압축적으로 보여주고 있다. 이러한 삶의 자세는 고통스러웠을지도 모르는, 살아왔고 살아내는 현실에 대한 긍정, 그리고 시인의 주변을 둘러싼 자연과 어우러져 그런 현상적 세계에 숨겨진 비의 찾기 등으로 번져나간다.

> 여기저기 무거운 짐을 / 지고 다녔더니
> 흐르는 땀 신발 위에 / 뚝뚝 떨어지며
> 햇살에 말라 피어나던 / 소금꽃 //
> 연신 땀을 닦아 내지만 / 손등에 묻어난 소금기에
> 그렁그렁하던 눈을 / 끔뻑일 뿐 //
> 닳아진 눈언저리에 / 소금꽃
> 유난히 피어날 때는 / 병원 응급실에
> 누웠을 때 //
> 소금꽃은 바다에만 / 피어나는 게 아니다
>
> ―「소금꽃」

시집 제목이 된 구절이 들어 있는 「소금꽃」 전문이다. 바닷가 염전에 소금 결정을 비유하여 이르는 '소금꽃'은 땀에 젖은 옷의 하얀 얼룩을 비유하는 것으로도 쓰인다. 시인은 그 소금꽃을 피워내며 살아온 삶을 반추한다. '무거운 짐'을 지고 살아온 생이 소금꽃을 만들어낸다. 땀을 닦아 내는 손등에도 소금꽃은 피어난다. 햇볕과 뜨거운 만남을 통해 생겨나는 하얀 알갱이, 소금꽃은 무거운 짐을 지고 살아내기 위해 발버둥을 쳤던 삶이 만들어내는 결정체를 상징한다. 빛과 함께 없어서는 안 되는 것으로 비유되곤 하는 소금은 시인의 생에 대한 인식을 단적으로 표현하고 있는 것으로

볼 수 있다.

그리고 병원 응급실에 누웠을 때 소금꽃은 '닳아진 눈언저리'에도 피어난다고 했다. 그렁그렁 눈에 맺힌 눈물은 응급실로 실려 오는 그 순간에 흘러나온 것뿐만 아니라 생의 고통 속에서 흘려야 했던 수많은 눈물로까지 확장된 의미로 읽힌다. 그리고 그런 고통을 통해 맺힌 소금꽃은 생의 의미를 집약하는 "소금꽃은 바다에만 / 피어나는 게 아니다"라는 아포리즘(aphorism)을 형성하기에 이른다.

소금꽃은 바다에만 피어나는 게 아니다

서경자 시집

초판 1쇄 인쇄 · 2025년 5월 25일
초판 1쇄 발행 · 2025년 5월 30일

지은이 · 서 경 자
펴낸이 · 윤 영 희

발행처 | 도서출판 동행
출판등록 | 2011. 6. 8. 제301-2011-098호
주　소 | 서울시 을지로14길 16-11
전　화 | 02-2285-2734, 2285-0711
팩　스 | 02-338-2722

값 12,000원
ISBN 979-11-5988-044-5

ⓒ 2025. 서경자, Printed in Korea

* 파본 및 잘못된 책은 서점에서 교환해 드립니다.